O MEU . DE VISTA

Escrito e ilustrado
por
Augusto Silva

O MEU . DE VISTA

"O MEU . DE VISTA" foi desenhado para ajudar a ver, aceitar e aprender a tolerar os pontos de vista de outras pessoas. Geralmente, tal acontece quando se acaba de preencher os espaços em branco deste livro. É um livro divertido para todas as idades. Ajuda a exercitar o cérebro, desenvolve a imaginação e promove a paz, a tolerância e a paciência para com outros pontos de vista. Espero que este livro transmita uma mensagem de paz a todos os cantos do mundo (especialmente aqueles em guerra). Vamos contribuir para a recuperação da paz, do amor e da estabilidade, pelo bem dos nossos filhos.

"Cocorocó!"

O_____________ canta.
É hora de acordar.

O __________ come enquanto
a __________ voa.

"Roarrrrrrrr." Um __________

segue um cheiro na floresta.

Esta _______ hospeda um caracol

numa tarde ventosa.

Consegues encontrar o caracol?

**Um __________ voa
de uma árvore.**

Adivinha *quantasssss*

_________ se arrastam

no sol quente?

Gosto de cheirar as _____________

que crescem no jardim.

"Oink, Oink." Este __________

gosta de esfregar o traseiro

numa árvore.

Um ___________ brinca

com duas ___________.

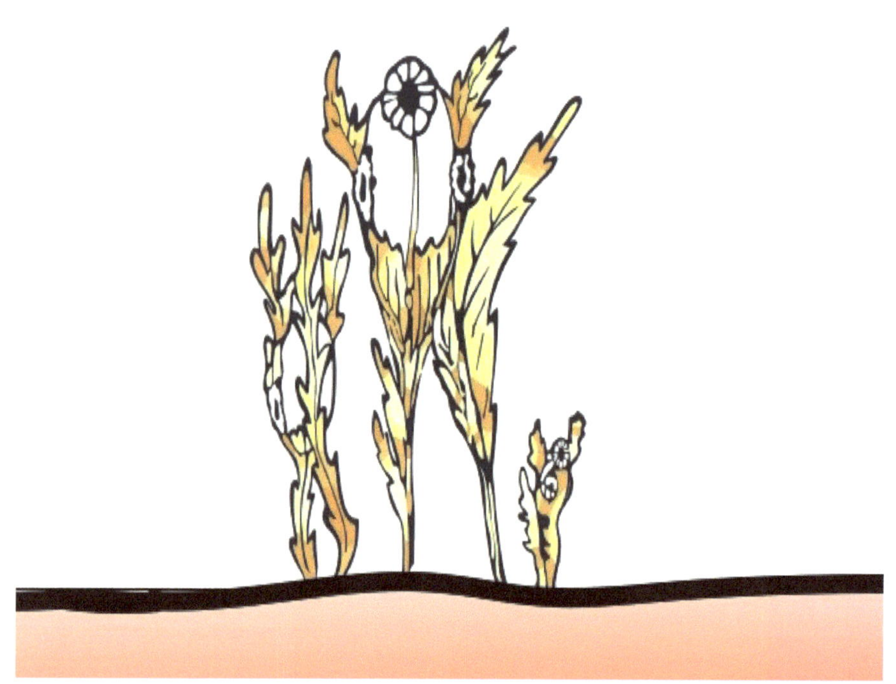

Estas __________ crescem

em terra árida.

Uma ___________ esfrega
o seu pescoço.

Os __________ descansam
no jardim zoológico.

Um __________ desce de uma árvore
para apanhar um rato no solo.

"Quá, quá." Uma mosca observa
os ___________ a brincar na água.

16

Sou um __________.

**Vivo no Norte,
onde está sempre frio e neve.**

O ___________ prepara-se
para saltar da árvore.

Sou um grande __________;
consigo alcançar o alimento
com a minha tromba.

**Um ___________ está sentado
no ramo de uma árvore.**

A __________ descansa
à sombra das árvores.

Este é o rosto de um

_____________.

Um buraco nesta árvore transformou-se

no abrigo de um grupo de

_______________.

A __________ é considerada

o animal mais rápido

das planícies africanas.

Consigo ver os cornos dos

__________ que atravessam

o rio.

Este __________ abriga
a sua cria no ninho.

Os __________

brincam no lago gelado.

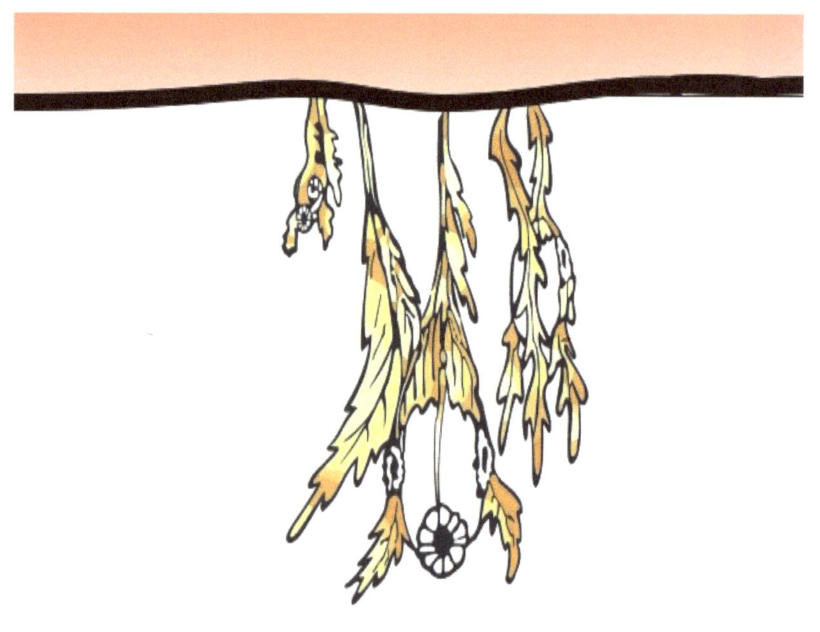

**Três __________ nadam;
um deles olha para nós.**

Este __________ prepara-se para comer aquela mosca.

As folhas do outono caem sobre o __________

no jardim zoológico.

Um __________ corre na nossa direção.

"Oink, Oink." Este pequeno

__________ corre muito rápido.

**Sou um __________, e adoro subir
e balançar livremente nas árvores.**

Estas __________ estão a brincar.

O MEU . DE VISTA

PÁG.	Resposta	PÁG.	Resposta
3	galo	19	elefante
4	touro, abelha	20	coala
5	tigre	21	zebra
6	planta	22	leão
7	pássaro	23	raposas
8	4 serpentes	24	chita
9	rosas	25	antílopes
10	porco	26	pássaro
11	cavalo, aves	27	gansos
12	margaridas	28	peixes
13	girafa	29	sapo
14	leões marinhos	30	urso polar
15	mocho	31	leão
16	patos	32	porquinho
17	iaque	33	macaco
18	gato	34	pumas

O MEU . DE VISTA

Caso não tenha reparado, as imagens
aqui utilizadas foram sujeitas a uma
rotação de 180 graus para obter uma
imagem completamente diferente
e dar um PONTO DE VISTA diferente.
Obrigado por partilhar esta mensagem
de paz com os seus amigos e inimigos.
Por favor, partilhe e ajude-nos a
construir um mundo melhor e mais
amigável.
Augusto Silva
riachuelano@hotmail.com

O MEU . DE VISTA

Escrito e ilustrado
por
Augusto Silva